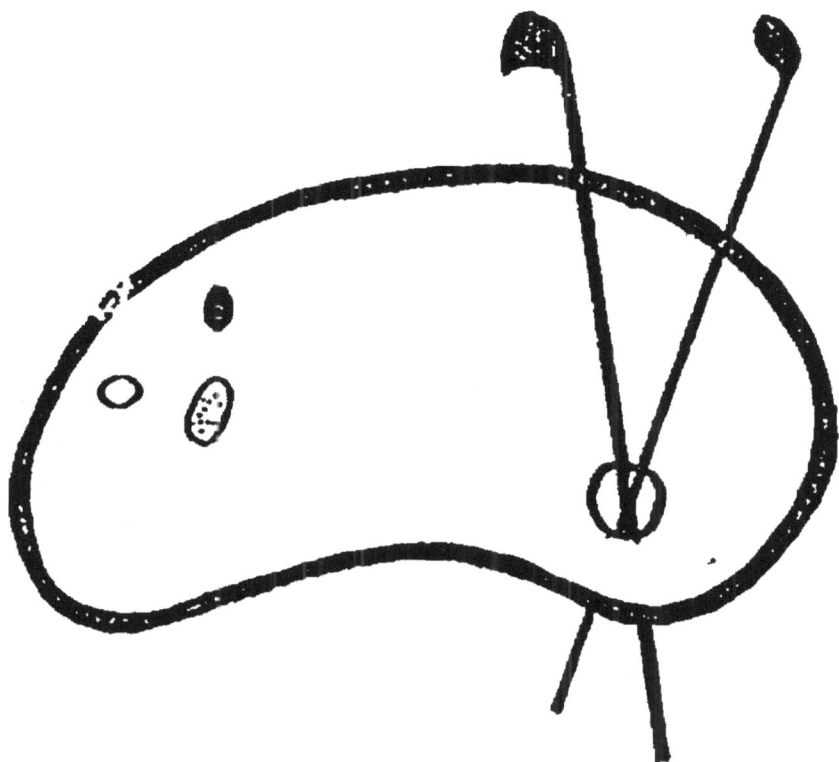

DEBUT D'UNE SERIE DE DOCUMENTS
EN COULEUR

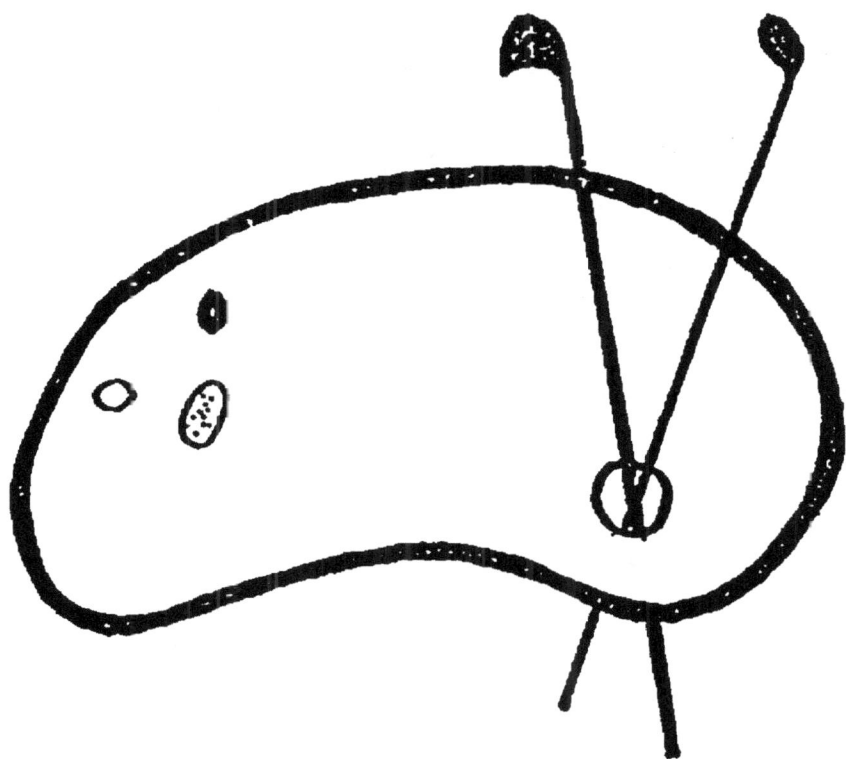

FIN D'UNE SERIE DE DOCUMENTS
EN COULEUR

DÉGAGEMENT DES ARCHES

DE RIVE GAUCHE

DU

PONT SAINT-ESPRIT

EXPOSÉ DES MOTIFS

ET

DÉCISION VOTÉE

PAR LES RIVERAINS DU RHONE

Dans la séance plénière tenue le 7 février 1897

SOUS LES AUSPICES DU SYNDICAT AGRICOLE DE PONT-ST-ESPRIT

AVEC LE CONCOURS OU L'ADHÉSION

De MM. les Sénateurs et Députés et des Municipalités de la région

AVIGNON

IMPRIMERIE ET LIBRAIRIE FRANÇOIS SEGUIN

11, Rue Bouquerie, 11

—

1897

EXPOSÉ DES MOTIFS

MESSIEURS,

Qui de nous pensait qu'en plein hiver, aux premiers jours de février, l'heure choisie pour cette réunion sonnerait également le glas des inondés?

Personne ne s'étonnera que mon premier salut soit pour les infortunés retenus dans leurs fermes ou leurs villages par le débordement du fleuve. Ils sont ici par la pensée et, anxieux, provoquent de votre part une décision énergique.

Dans ce télégramme du maire de Lapalud, entendez le langage impératif de toute une commune : « Dégagement du pont, population l'exige ! »

Hier soir, tandis que le maire de Saint-Just-d'Ardèche légalisait les signatures de cent dix-sept inondés empêchés de venir se joindre à nous, par delà l'Ardèche et le Rhône, de l'autre extrémité de notre immense et riche plaine redevenue un lac meurtrier, une fois de plus, le maire de Mondragon télégraphiait : « Adhérons à ce que ferez, mais surseoir serait préférable ».

Non, Messieurs, il n'était plus possible d'ajourner cette réunion. Nous ne le devions pas, car, parmi ceux-là même qui regrettaient de ne pouvoir se mêler à vous, des témoignages suprêmes allaient se produire, apportant à cette cause sa plus forte sanction. Le portefeuille de M. Lehoux, conseiller d'arrondissement de Bollène, débarquant, à l'instant, avec quelques hommes courageux de la rive gauche, ne contient pas moins de deux mille signatures au bas d'un pétitionnement laconique : « Pour le dégagement du pont St-Esprit ».

Au nom de l'assemblée plénière des inondés, je remercie Messieurs les sénateurs et députés, ainsi que les municipalités qui apportent l'appui de leur autorité à nos ievendications et les feront valoir auprès des Pouvoirs-publics.

Je remercie particulièrement M. Crémieux, député de l'arrondissement d'Uzés, venu étudier la question sur place. Je le prie d'accepter la présidence d'honneur de cette belle réunion.

Son collègue, M. Ducos, nous expédiait, hier soir, ce télégramme: «M'excuse et m'associe absolument à toute action pour dégager arches rive gauche ».

M. le sénateur Taulier avait écrit, à la date du 2 février : « La représentation du Gard et de Vaucluse s'occupe très activement de la question du dégagement des arches du pont de votre commune... »

M. le sénateur Guérin, qu'on nous avait également signalé comme s'intéressant vivement aux malheureux riverains du Rhône, disait, de son côté : « Je m'occupe de la question du déblaiement des arches du pont St-Esprit, je compte la porter à la tribune du Sénat, lors de la discussion prochaine du budget des Travaux publics. »

Enfin, Messieurs (et vous le constaterez avec satisfaction, je pense), si des questions politiques divisent les hommes, parfois, les questions d'intérêt public les réunissent plus souvent. Je suis fort aise, à cette heure, d'avoir à vous lire la lettre de M. Bonnefoy-Sibour : comme député d'abord, comme sénateur depuis, notre compatriote a fait des démarches pour le dégagement du pont. Plus tard, président de la commission d'enquête chargée d'étudier les propositions des ingénieurs relatives à l'amélioration de la navigation et aux mesures à prendre pour atténuer les déplorables effets des inondation: « J'ai signalé, dit-il, l'enlèvement des terrains qui obstruent les arches du pont comme étant la première chose à faire, et comme constituant une amélioration *qui s'imposait.* »

Messieurs, si j'ai l'honneur de présider à cette émouvante réunion, entouré des représentants élus des deux rives du Rhône et du confluent de l'Ardèche, je le dois au courage, à l'énergie, à l'esprit de solidarité dont le Syndicat agricole de Pont-St-Esprit et des cantons de Bagnols, Bollène, Barjac et Bourg-St-Andéol fait preuve, depuis longtemps.

Ayant mis en commun les intérêts des campagnes limitrophes de trois départements et ne voulant voir que ces intérêts, champ assez vaste pour notre dévouement, nous ne nous contentons pas d'y parler engrais, betteraves ou cocons ; la question des trop fréquentes inondations du Rhône, dans une plaine si bien protégée jadis, a préoccupé notre Société depuis sa fondation en 1891. Elle n'a jamais perdu une occasion d'y remédier.

Messieurs,

Au moment d'aborder ce sujet, tel qu'il se présentait il y a trois jours, je me demandai si des gens nés dans le pays accepteraient qu'on discutât devant eux cette question :

Faut-il rendre au Rhône son lit torrentiel, son lit de mille mètres de largeur, à l'endroit où notre grand fleuve reçoit les eaux de sa terrible tributaire, l'Ardèche ?

Tandis que j'hésitai, les pluies se mêlant à la fonte des neiges apportèrent, une fois de plus, la leçon de choses, la démonstration lugubre de l'inondation.

Oui, l'inondation sur les deux rives du fleuve, à Pont-St-Esprit comme à Lamotte, afin qu'il n'y ait pas de jalousie entre leurs habitants.

Cependant, et alors que nous souffrions ici depuis deux jours, le littoral du Rhône, en amont comme en aval, était encore épargné.

Nous sommes, vraiment, dans une situation particulière, qui réclame un régime spécial ; ce régime fit l'aisance et la sécurité de nos pères ; on nous l'a ravi, maladroitement, pour n'avoir pas voulu écouter les doléances du pays.

Que ceux qui ignoreraient le sentiment de trente générations dont une lutte six fois séculaires contre le Rhône et l'Ardèche, ligués pour la perte de leur territoire, avait fait des maîtres en hydraulique, que ceux-là regardent nos plus vieilles digues, celles qui s'étendent de Lapalud à Mondragon, et se demandent leur usage dans le passé.

Pendant cette longue période d'années, l'âge d'or de la petite et de la grande batellerie, le Rhône, ce chemin qui marche, portait d'Arles à Lyon et de Lyon à Arles les marchandises les plus lourdes, les plus variées, et les échangeait entre toutes les provinces de la France, de la Suisse, des Pays-Bas, de l'Espagne, de l'Italie et de l'Extrême-Orient.

Bien que la navigation à vapeur ait vécu ses années prospères, dans des conditions qu'on appellerait, aujourd'hui, primitives, on voulut, un jour, ici comme sur le reste du littoral, pour assurer le trafic par tous les temps, réduire le chenal navigable à trois cents mètres de largeur.

Messieurs, les hommes de mon âge qui mêlent leurs premiers souvenirs au mouvement et au bien-être répandu sur nos quais, à cette époque déjà lointaine, ceux-là assurément ne condamneront pas la pensée de faire revivre ce temps fortuné. Que ce soit possible ou non, hélas ! nos vœux accompagnent toutes tentatives ayant cet objectif. Mais pour ces essais, le mètre 50 d'eau au-dessus de l'étiage, obtenu dix mois de l'année, n'est-il pas suffisant ? Peut-on davantage ? Est-il possible, alors que le Rhône est réduit aux eaux qui sourdent à son lieu d'origine ou aux sources de ses affluents, est-il possible de l'alimenter davantage ? Personne n'y songe, assurément, car la batellerie d'aujourd'hui ne subit plus d'interruption.

Eh ! bien, puisqu'on a fait le possible pour le relèvement de la navigation, pourquoi feindre d'ignorer qu'à côté de l'industrie et du commerce qu'on favorisait en canalisant le Rhône, une des forces vives du pays, l'agriculture, la grande nourricière de la France, possède sur les bords plantureux du fleuve ses plus riches greniers ?

Pourquoi si longtemps méconnaître que la sécurité des populations riveraines est à jamais menacée ?

Qu'on ne vienne pas dire : vos doléances sont récentes ! vos réclamations datent de cinq ans !

La gradation des débordements du fleuve, gradation qui ne s'est affirmée nulle part comme ici, aurait dû plaider notre cause auprès de l'administration des Ponts-et-Chaussées. Le débordement de 1856 fut supérieur à celui de 1840 ; l'inondation de 1890 surmonta celle de 1856. Ce dernier fait ne s'est produit nulle autre part qu'ici. A Roquemaure, à Avignon, à Arles, on ne se souvient pas de l'inondation du 20 septembre 1890. Le Rhône n'y quitta pas son lit.

Je ne parle, on le voit, que des grands débordements ; mais combien d'inondations depuis dix années ! De sepptembre 1890 à mars 1892, la rive gauche fut envahie 19 fois. Depuis 3 mois le Rhône a recouvert, deux fois, ses deux rives formant dans notre riche plaine un lac de 25 kilomètres de circonférence. Pourquoi avons-nous droit à ce traitement de parias, à cette baignade perpétuelle dont nous faisons, à cette heure même, une si triste épreuve ?

*
* *

Ecoutez, Messieurs, ce passage d'un rapport émané d'un représentant du pays ; non pas d'un représentant de la rive gauche, qu'on disait naguère seule intéressée dans la question, mais bien d'un représentant de la rive droite du Rhône ; ce rapport est vieux de plus de 40 ans et il semble écrit d'hier.

Il nous rappelle notre pont, tel que les plus anciens d'entre nous l'ont connu.

Cette page d'avant la mutilation première nous dit que celle-là n'était pas nécessaire.

L'homme autorisé dont je vais vous faire connaître l'avis, voyait, chaque jour, quinze vapeurs de cent vingt

mètres de long passer aisément sous des arches de 35 mètres de largeur. Quand vous aurez entendu le langage de M. Sibour, maire de Pont-St-Esprit de 1830 à 1848, conseiller général de 1852 jusqu'à sa mort, vous jugerez de l'opportunité de cette nouvelle arche marinière qu'on donnait volontiers comme fiche de consolation à l'agriculture, je dis à l'agriculture, car elle ne saurait être nécessaire à la navigation d'un ou deux bateaux par jour ; son aînée, l'arche marinière de 1855, suffit amplement à cet usage, nous semble-t-il.

Voici donc le langage tenu en 1854, par le rapporteur du Conseil général du Gard :

« En 1840, lors de la grande inondation du Rhône, son cours navigable fut entièrement changé.

« Les eaux s'éparpillèrent après la crue, si on peut s'exprimer ainsi, en amont du pont, dans tout le lit du fleuve, qui est très large en cet endroit ; elles formèrent une multitude de petites branches qui, au lieu de tomber perpendiculairement sous les arches, les battaient en écharpe. La navigation était souvent interrompue faute d'un tirant d'eau suffisant, et d'autre part la solidité du pont était compromise par des affouillements aux piles. Dans cet état de choses, MM. les ingénieurs firent construire une digue submersible dans le but de réunir toutes les eaux du fleuve sous les premières arches du pont. On prit pour point de départ de cette digue la 9ᵉ arche et de là on fut la rattacher à la chaussée appelée digue de Balaincourt, en amont du confluent de l'Ardèche. Malheureusement le tracé de cette digue était vicieux aux yeux des hommes de l'art, comme à ceux de tout individu qui a les plus simples notions du cours des fleuves ou des rivières.

« Par la construction de cette digue on a réduit le lit du fleuve au 1|3 de sa largeur ; ses deux autres tiers sont à sec en temps ordinaire.

« Nous avons dit que le tracé de cette digue submersible était vicieuse. En effet, au lieu de lui faire suivre une diagonale de sa 9ᵉ arche, point de départ, à la digue de Balaincourt, on lui a fait décrire un arc de cercle très prononcé, vis à-vis le confluent de l'Ardèche, sans doute pour amortir le choc des eaux de cette rivière, lors de ses crues formidables. C'est à cet arc de cercle, destiné à parer à un danger purement imaginaire, qu'il faut attribuer l'état fâcheux de la navigation sur ce point.

« En dehors de cet arc de cercle, il s'est formé un gravier immense, très élevé, se prolongeant jusqu'au pont, qui par sa pression deverse presque toutes les eaux du fleuve sous les deux premières arches du pont, dont l'une sert a la montée, l'autre à la descente.

« Les eaux viennent se heurter avec furie contre les piles de ces deux arches et sont forcées, par l'obstacle qu'elles rencontrent, d'élever leur niveau à plus d'un mètre au-dessus de celui qui est en aval, immédiatement à la sortie des arches ; de là, la nécessité d'apporter beaucoup de précautions dans la manœuvre pour la descente et de faire franchir cet obstacle à bras d'hommes à la mòntée. Cet inconvénient, il faut qu'on le sache, n'existe que dans les basses eaux. Avant l'inondation de 1840, la descente avait lieu, sans périls aucuns, sous la 2ᵉ arche et la montée sous la 9ᵉ. Aujourd'hui encore, lorsque les eaux sont au-dessus de l'étiage, les bateaux à vapeur, à la montée, passent sous cette neuvième arche, comme le ferait une flèche, toutefois avec un pilote du lieu.

« Il est donc permis de conclure que la mauvaise direction de la digue submersible a causé l'inconvénient signalé, et, pour remédier au mal, M. l'Ingénieur ne trouve d'autre moyen que la mutilation du pont ! Eh bien ! voici l'opinion émise par M. Kermaingan, qui prévit le résultat déplorable du tracé adopté pour cette digue.

« Deux ou trois ans après la construction de la digue, cet habile ingénieur en chef, de passage à Pont-St Esprit, honora votre rapporteur d'une visite. Il lui proposa de l'accompagner sur le pont, voulant reconnaître, lui-même, les effets obtenus par la construction de cette digue. Après un examen attentif des lieux, il lui dit : « *Je suis étonné qu'un ingénieur ait pu donner à cette digue une pareille direction ; c'est à refaire.* » Il motiva ce jugement par des raisons qu'il serait trop long de rappeler ici. *Qu'il suffise de dire que ce qu'il avait prévu s'est complètement réalisé.*

« En cet état de la question, toute personne qui voudra s'en rendre compte conclura qu'il faut faire disparaître de la digue cet arc de cercle qui est cause de tout le mal.

« Sans doute, il est pénible d'avouer qu'on s'est trompé ; mais vaut-il mieux encore reconnaître de bonne foi une erreur que d'y persister.

« A cette question s'en rattache une autre toute vitale pour les propriétaires de la plaine de Pont-St-Esprit. Si le gouvernement ne prend pas une décision prompte, il est hors de toute contestation que cette belle et riche plaine de Pont-St-Eprit sera ravagée de fond en comble à la première grande inondation, malgré la digue submersible qui défend ses bords contre les eaux qui, au sortir des arches laissées libres, viennent la frapper perpendiculairement. La digue en amont, en réduisant le lit de ce fleuve au tiers de sa largeur, a fait des deux autres tiers un vaste vacant. Evidemment cette partie du lit, qui est à sec quand les eaux sont basses, appartient au domaine public et demeure partie intégrante du lit du fleuve.

« Cependant, malgré cette évidence, les propriétaires de la rive gauche du fleuve s'en sont emparés. Ils y ont broché des saules et des peupliers ; aujourd'hui c'est une véritable forêt. Les atterrissements s'y forment avec un rapidité incroyable ; dans peu de temps, les eaux seront toutes refoulées sous les neuf arches restées libres, à l'époque des fortes inondations. Cependant ceux qui, en 1265, construisirent ce pont avaient jugé, non sans raison, qu'il fallait 22 arches pour donner passage, en certains temps, aux eaux de ce fleuve. Les craintes des habitants ne sont que trop fondées. Chaque jour, la ville de Pont-St-Esprit marche de plus en plus vers une catastrophe inévitable qui peut se produire d'un moment à l'autre. »

A 36 ans de distance, dans l'après-midi du 20 septembre 1890, ce sentiment nous étreignit tous.

Si, au lieu de trouver le lit du Rhône vide, ce jour-là, l'Ardèche fût venue se buter à un débordement du fleuve, tel que celui du 1er novembre 1896 ou même celui d'hier, dont on ne se doute pas encore à Avignon, quels désastres irrémédiables non seulement à Saint-Martin, dans les Maletrats, à Lapalud, à Lamotte et à Mondragon, mais dans l'immense plaine sous Pont-St-Esprit et dans notre basse ville !

La commission du Conseil général de 1854 concluait : 1o au relèvement des allocations pour la navigation du Rhône ; 2o à la conservation de l'intégrité du pont Saint-Esprit, émettant le vœu qu'on n'arrive à l'extrémité d'y toucher qu'après avoir épuisé tous les autres moyens ; 3o à la modification, avant tout, de la digue submersible circulaire, dont les effets n'ont pas été heureux.

C'est pour ne pas avoir accepté les conclusions du

Conseil général du Gard que les Ponts-et-Chaussées nous paraissent responsables des ravages que portent avec elles les inondations dans notre belle et riche plaine.

« Chaque jour la ville de Pont-St-Esprit marche de plus en plus vers une catastrophe inévitable, qui peut se produire d'un moment à l'autre. » En novembre dernier, ses quais bouleversés et croulants ont dû leur salut à des substructions du moyen-âge. Dans un avenir prochain, la digue submersible, sous la ville, sera impuissante à soutenir « la poussée des eaux qui, au sortir des arches laissées libres, viennent la frapper perpendiculairement. »

*
* *

Messieurs, vous avez entendu le langage du Conseil général du Gard, en 1854. Voici le sentiment de la même assemblée, en 1895 :

Le Conseil général du Gard,

Considérant qu'à la suite des inondations de 1890, une décision ministérielle ordonna la destruction des alluvions formés sous les deux tiers du pont St-Esprit, comme seul moyen d'assurer l'écoulement rapide des eaux du fleuve ;

Considérant que, dans leur nouvelle étude, les Ponts-et-Chaussées, tout en reconnaissant à nouveau l'utilité du système proposé, concluent que le but serait pleinement atteint par la démolition d'une pile à la rive droite du Rhône ;

Considérant que le motif invoqué par MM. les ingénieurs à l'appui de leur avant-projet, à savoir l'intérêt de la navigation, est chimérique ; (la construction d'une première arche en fonte suffisait en effet pour assurer la navigation quand celle-ci était active, elle est donc plus que suffisante à l'heure qu'il est, étant donnée la diminution considérable du tonnage) ;

Considérant les protestations de l'Académie de Nîmes, de celle de Vaucluse, de la Société française d'archéologie, de la Société des antiquaires de France, au point de vue historique ; celles de la Société d'agriculture de Vaucluse, du Syndicat agricole de Pont-St-Esprit et des cantons de Bollène, Bagnols, Barjac et Bourg-St-Andéol, de 95 propriétaires fonciers de La Motte possédant plus de 500 hectares de terrains et de 36 colons partiaires, au nom de leurs propriétaires absents, au point de vue agricole ;

Emet le vœu :

« Qu'il ne soit pas donné suite à l'avant-projet tendant à la démolition d'une pile du pont-St Esprit, qu'au contraire il soit le plus tôt possible procédé à l'exécution du premier avant-projet tendant à la suppression des atterrissements résultant des inondations antérieures à 1890. »

Quelques jours après l'adoption de ce vœu, une commission interdépartementale concluait également au dégagement préalable des arches de rive gauche du pont St-Esprit.

Peut-être, demandez-vous, Messieurs, pourquoi deux ans se sont écoulés entre la réponse de la commission d'enquête et le décret déclarant d'utilité publique cette destruction des atterrissements réclamée, depuis 43 ans, par les corps élus des deux rives du Rhône.

Plutôt, que ne demandez-vous pourquoi un nouvel avant-projet parut nécessaire en 1895, quand un premier avant-projet, mis à l'étude en mars 1892, avait reçu l'assentiment du pays ?

La raison, c'est qu'en 1892, comme en 1854, on n'avait pas voulu reconnaître qu'on s'était trompé dans les travaux de 1840, en donnant à la digue du milieu cet arc de cercle qui ferme plus des deux tiers du lit torrentiel du Rhône.

On se fût empressé à démolir, au prix faible de 535.000 francs, deux arches du pont et à leur substituer une arche nouvelle en fonte, soit à ce prix l'enlèvement d'une pile présentant un obstacle de seize mètres de front (ce qui peut bien retarder l'écoulement de 45 à 60 mètres cubes d'eau à la seconde, les jours des plus grandes crues) ; mais, avant de ce faire, on devait détruire des atterrissements, dont le front de six cents mètres de long et l'élévation de 4 m. 50 au-dessus de l'étiage, selon le dire de MM. des Ponts-et-Chaussées, absorberait certainement un trop plein de trois mille mètres cubes d'eau, forcé, à cette heure, de chercher son

écoulement sur la plaine de rive gauche, les quais de
Pont-St- Esprit et la vaste campagne au-dessous.

Ce dégagement coûterait environ 200.000 francs, mais
il déplait à plus d'un titre à l'administration du service
du Rhône.

Malgré les protestations de nos communes et des
Sociétés agricoles, nos demeures et nos campagnes seront périodiquement ravagées par le Rhône et l'Ardèche ; heureux serons-nous si chaque inondation n'est
pas marquée par un de ces sinistres qui jettent la ter-
reur dans le pays et font des enfants orphelins.

*
* *

Après avoir constaté l'impuissance des revendications
du passé, je me proposais de dire mes craintes dans l'avenir ; je m'aperçois que je me suis acquitté en partie de ce
devoir ; en partie, seulement, car j'ajouterai avec tris-
tesse : ce qui n'était qu'une suspicion de ma part, il y a
quelques jours, prend aujourd'hui l'aspect de la réalité.

En effet, de ceux qui appuyaient le projet de dégagement immédiat des arches de rive gauche plus d'un
conseillerait, aujourd'hui, le rattachement de ce travail
à la réfection de tout le système hydraulique de notre
littoral.

N'est-ce point là une nouvelle fin de non-recevoir ?
On allait, disait-on en novembre dernier, procéder à l'a-
chat des terrains en vue de leur destruction. Puis, on se
ravise, on demande des fonds spéciaux au budget,
comme s'il n'y en avait pas de disponible dans le crédit
de l'amélioration des rivières. On déclare qu'on ne peut
nous donner deux cent mille francs. Où et quand trou-
vera-t-on les millions nécessaires pour des travaux
d'ensemble ?

Mes chers concitoyens,

De quelque rive du Rhône que vous soyez, quelle que
soit votre opinion sur les projets qu'on pourrait vouloir
appliquer plus tard, vous êtes d'accord, semble-t-il, sur

la nécessité de dégager le pont St-Esprit à la rive gauche du fleuve ; un décret rendu en Conseil d'Etat a déclaré ce travail d'intérêt public. Deux mille signatures réunies dans les communes de Vaucluse en demandent déjà l'exécution. Dans le Gard et l'Ardèche les adhésions écrites seront nombreuses, avant peu de jours. Allez de l'avant. N'hésitez pas à vous solidariser davantage encore. Qu'aujourd'hui la rive droite réponde hautement des sentiments de la rive gauche, empêchée par le débordement du Rhône de venir en foule à cette réunion.

Dites à vos représentants, tous dévoués à vos intérêts, dites leur bien que vous ne voulez pas attendre plus longtemps la réalisation de promesses déjà vieilles.

Chaque jour de retard est une chance nouvelle de souffrances et de malheurs. Les Pouvoirs-publics ont le devoir de vous les éviter.

En conséquence, j'ai l'honneur de vous proposer l'ordre du jour ci-après :

ORDRE DU JOUR

concernant le dégagement des arches de rive gauche du pont St-Esprit.

L'assemblée plénière des propriétaires et fermiers des territoires inondés de Lapalud, Lamotte et Mondragon (Vaucluse), de St-Marcel, St-Just et St-Martin (Ardèche), de St-Paulet, St-Alexandre et Pont-St-Esprit (Gard), réunie sous les auspices du Syndicat agricole de Pont-St-Esprit et des cantons de Bagnols, Bollène, Barjac et Bourg-St-Andéol, avec l'adhésion ou l'assistance de MM. les sénateurs, députés et maires desdites communes,

Considérant que, tant à la rive droite qu'à la rive gauche du Rhône, les assemblées départementales, communales et agricoles n'ont cessé, depuis quarante-trois ans, de faire entendre des doléances contre la conservation d'atterrissements formés à l'abri de la digue submersible vicieusement construite en face de l'embouchure de l'Ardèche.

Considérant qu'un décret présidentiel, rendu en Conseil d'Etat, a naguère déclaré d'utilité publique la destruction desdits terrains,

Demande aux Pouvoirs-publics qu'immédiatement et sans rattachement à aucun autre projet, il soit procédé à l'achat et à la destruction desdits atterrissements;

Invite MM. les sénateurs, députés, membres des municipalités et le bureau du Syndicat agricole à faire parvenir, sans retard, la présente délibération à MM. les Présidents des deux Chambres et à M. le Ministre des Travaux publics.

Les invite, en outre, à s'organiser en commission permanente pour en poursuivre l'exécution.

Adopté à l'unanimité, à Pont-St-Esprit, le 7 février 1897.

Membres du bureau de l'assemblée plénière:

Président: L. Bruguier-Roure (président du Syndicat agricole); *Assesseurs:* Al. Bonnefoy (délégué du maire de Pont-St-Esprit, Gard), Bessière (maire de Lamotte, Vaucluse), Lehoux (adjoint au maire de Mondragon, conseiller d'arrondissement du canton de Bollène, Vaucluse); *Secrétaire:* C. de Digoine (secrétaire général du Syndicat agricole).

ANNEXE

Mise à l'enquête du double avant-projet d'une deuxième arche marinière et du dégagement des arches de rive gauche du pont St-Esprit (extrait).

Paris, le 15 mars 1895.

Monsieur le Préfet,

MM. les ingénieurs de la navigation du Rhône m'ont soumis un avant-projet pour la construction d'une nouvelle arche marinière, au pont St-Esprit, placée à la suite de celle qui a été ouverte en 1856, et le dégagement des arches de rive gauche, en amont et en aval de ce pont. L'avant-projet de dégagement des arches du pont St-Esprit a été approuvé par une décision ministérielle du 22 juin 1892. La surface des atterrissements à acquérir est de 61 hectares, appartenant à cinq propriétaires, avec qui il n'a pas été possible de s'entendre à l'amiable pour l'acquisition de leurs terrains..........

Le Ministre des Travaux publics.

Pour le Ministre :

Le Directeur des routes, de la navigation et des mines.

Lettre du Ministre de l'agriculture au Président du Syndicat agricole.

·Paris, 9 novembre 1896.

Monsieur,

Vous m'avez fait l'honneur de m'adresser un télégramme dans lequel vous rappelez la demande formée par le Syndicat de Pont-St-Esprit, Bagnols, Bollène, Barjac et Bourg-St-Andéol, en vue d'obtenir la destruction des atterrissements... situés dans le Rhône sous Pont-St-Esprit...

Je suis heureux de vous faire connaître que M. le Président de la République a signé, il y a quelques jours, un décret déclarant d'utilité publique la suppression des atterrissements dont il s'agit et donnant ainsi satisfaction à la demande du Syndicat.

Recevez, etc.

Le Président du Conseil, Ministre de l'agriculture,

Signé : J. MÉLINE.

A M. Bruguier-Roure, Président du Syndicat agricole...

Tᵉ de Lapalud

Route de Lapalud

Territoire de Lamotte

Territoire de Mondragon

D. submersible

Digue insubmersible du Lauzon

Lauzon rivière

Route de Mondragon

la Mane (1ère)

Borne Kilom 192

Digue Bosset

B.K. 193

Lauzon rivière

Atterrissements boisés, à détruire

conformément au décret de 1896

Atterrissements boisés, à détruire

conformément au décret de 1896

190 B.K.

Digue submersible, du pont, (à abaisser)

Digue submersible (a abaisser)

Rhône F.

Atterrissements, à détruire

Atterrissements, à détruire

Tᵉ de St Just d'Ardèche

Ardèche R.

Chenal   de   navigation

N E S O

Route de Lyon à Beaucaire

Pont St Esprit

Pont du St Esprit

Digue submersible

Plaine de Pont St Esp

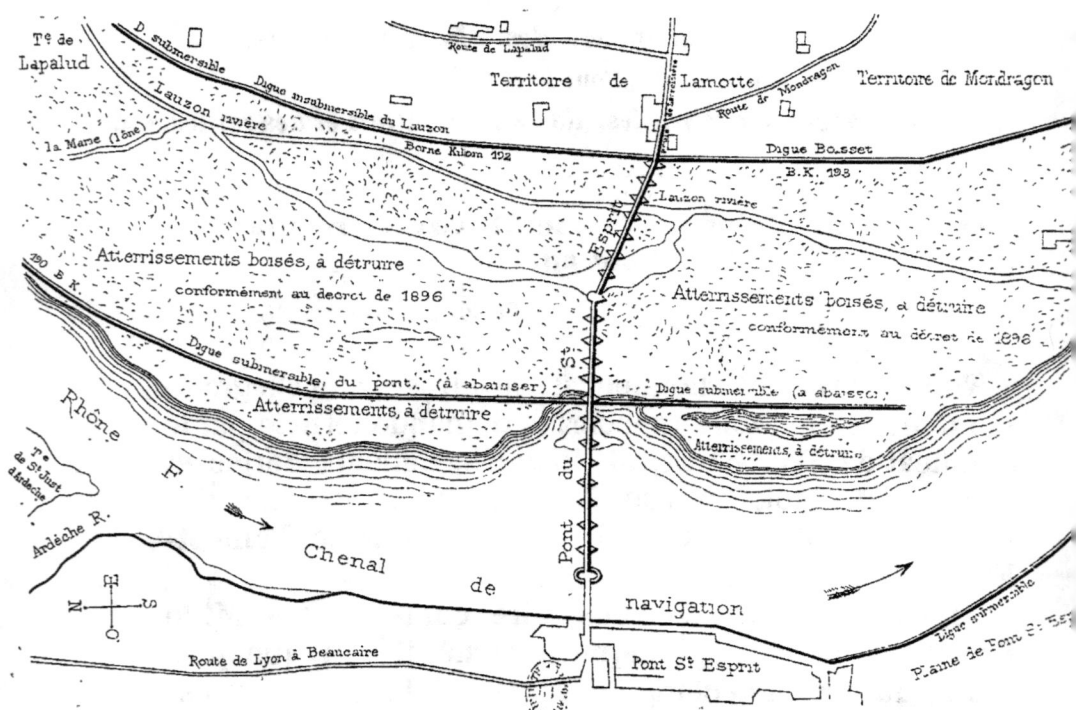

LE LIT TORRENTIEL DU RHÔNE, à PONT Sᵗ ESPRIT (Vue à Vol d'oiseau)

11

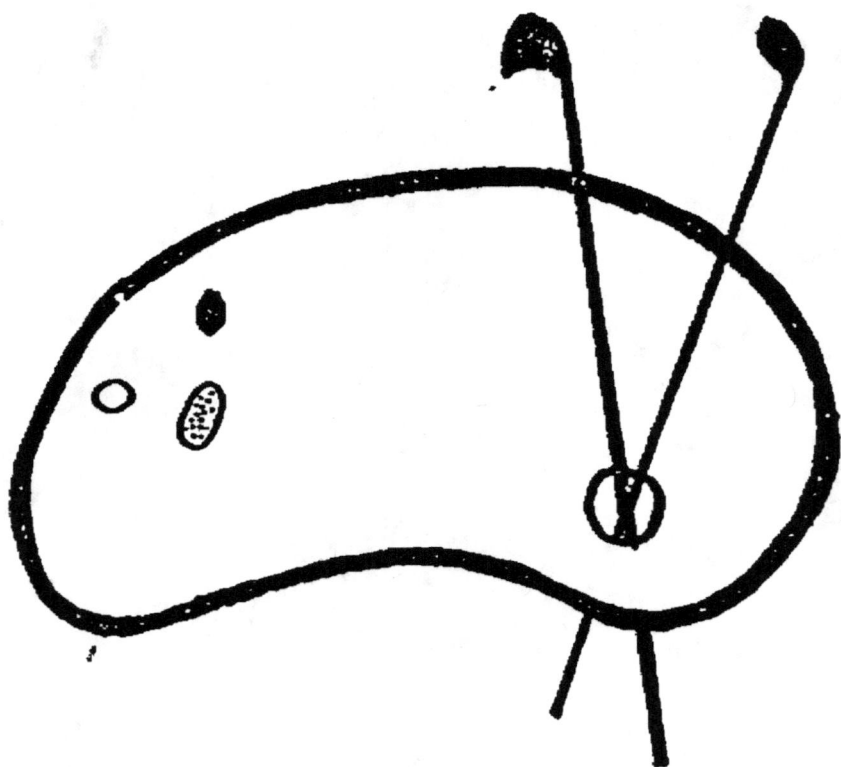

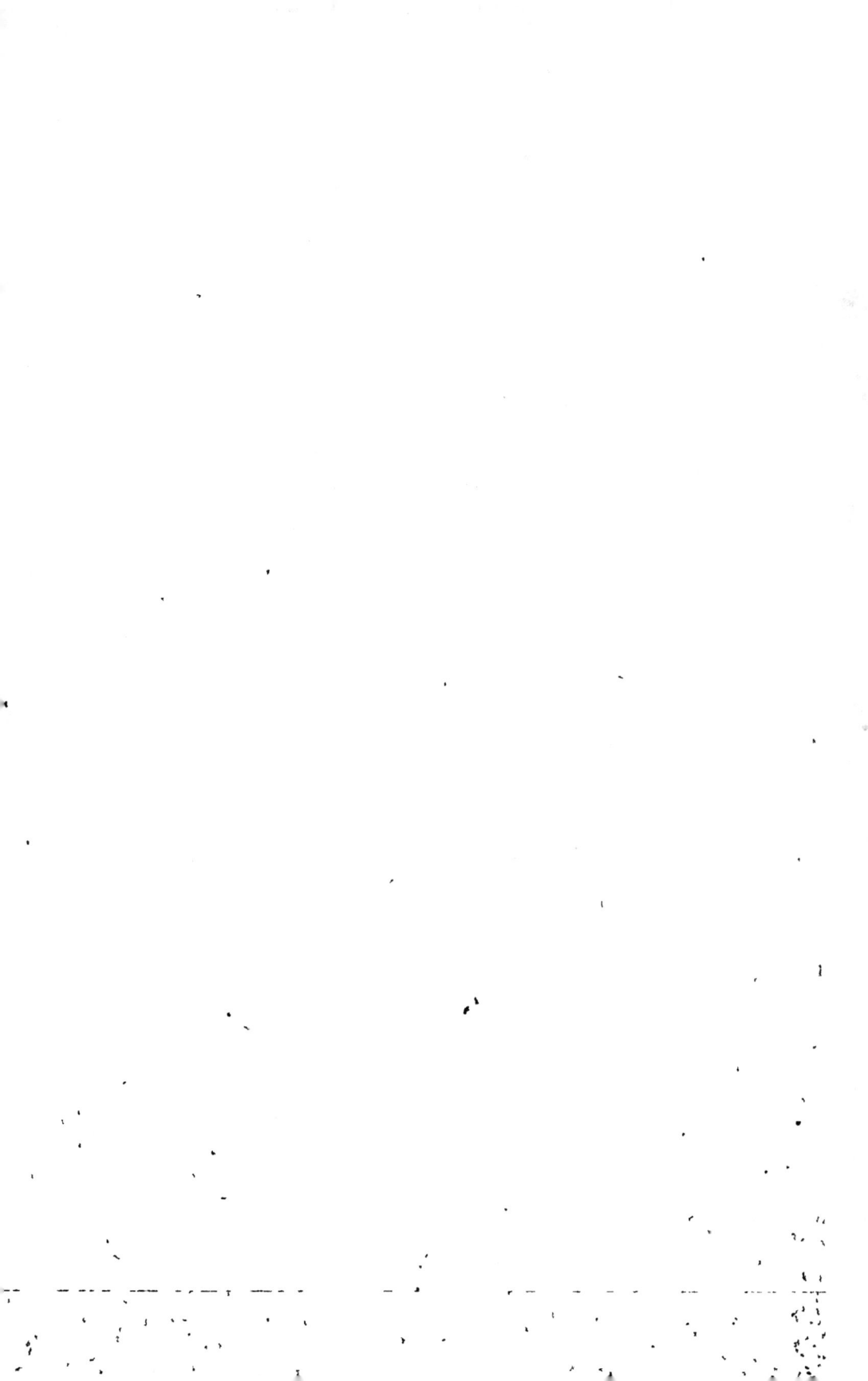